İŞLETME YÖNETİMİ İÇİN PARETO İLKESİ

ANAHTAR BİLGİLER

- **İsimler:** Pareto ilkesi, Pareto kuralı, Pareto yasası, 80/20 kuralı, hayati azınlık yasası.

- **Kullanır:**

  - Ekonomi: işletme yönetimi (kalite yönetimi, müşteri yönetimi, üretim yönetimi, stok kontrolü, insan kaynakları, vb), ticari ve pazarlama stratejileri oluşturma, vb.

  - Fizik, sosyoloji ve istatistik.

  - Özel alan: zaman yönetimi, görev organizasyonu vb.

- **Neden başarılıdır?** Pareto ilkesine göre, 'etkilerin %80'i nedenlerin %20'sinin ürünüdür'. Bu oran, herhangi bir faaliyetin temel kısmını hızlı bir şekilde belirlemenizi sağlar. Bu modele günlük yaşamın birçok alanında ve iş dünyasında rastlanır: örneğin, bir işletme en çok gelir getiren müşterileri belirlemek istediğinde. 80/20 oranı dikkate alınırsa, şirket cirosunun %80'ini oluşturan müşterilerin %20'sine odaklanarak onları elde tutmaya çalışabilir.

- **Anahtar kelimeler:** Vilfredo Pareto, Pareto prensibi, 80/20 kuralı, ABC analizi, ciro, Joseph Juran, zaman

İŞLETME YÖNETIMI IÇIN PARETO ILKESI

80/20 kuralı ile işinizi büyütün

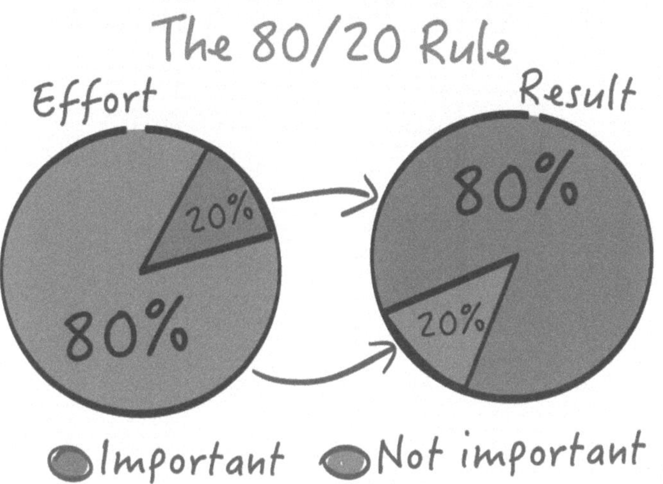

İŞLETME YÖNETIMI IÇIN PARETO ILKESI

80/20 kuralı ile işinizi büyütün

tarafından yazılmıştır Antoine Delers
tarafından çevrildi Baris Şahin

50MINUTES.com

yönetimi, müşteri ilişkileri, ilişkisel pazarlama, CRM, Pareto şeması, Uzun Kuyruk teorisi, Pareto verimliliği.

GİRİŞ

Tarih

Pareto ilkesi, Vilfredo Pareto (1848-1923) tarafından 19. yüzyılın sonunda (tam olarak 1897'de) oluşturulan bir analiz ve karar verme aracıdır. İtalya'daki Torino Politeknik Üniversitesi'nde eğitim görmüş olan İtalyan ekonomist ve sosyolog, günümüzde Pareto İlkesi olarak bilinen kavramın kurucusu olarak kabul edilmektedir. Ülkesinin zenginliğini inceleyerek, insanların sadece %20'sinin toplam zenginliğin %80'ine sahip olduğunu buldu. Daha sonra bu yasayı Rusya, Fransa ve İsviçre gibi diğer devletlere uyguladı ve aynı sonuçları buldu.

Ancak 1940'lara kadar kalite yönetimi alanında çalışan Amerikalı mühendis Joseph Juran (1904-2008) 80/20 teorisini tanımış ve Vilfredo Pareto'ya atfetmiştir.

Modelin tanımı

Pareto ilkesi, nedenlerin %20'sinin etkilerin %80'inden sorumlu olduğu gözleminden gelir. Başka bir deyişle, iş dünyasında müşterilerin %20'si cironun %80'inden sorumludur. Şirketler bu %20'yi (en önemli müşteriler) belirleyerek zaman ve paradan tasarruf etmek için onlara daha fazla ilgi gösterebilirler. Joseph Juran'a göre, Pareto ilkesi iş dünyasında evrensel olarak uygulanabilir ve toplumun tüm sektörlerinde bulunabilir.

Hatta bu ilkeyi günlük yaşamın pek çok alanında da kullanabilirsiniz. Bununla birlikte, hem iş dünyasında hem de diğer alanlarda 80/20 oranına her zaman uyulmadığını, ancak gerçeklik hakkında bir fikir verdiğini göreceğiz.

TEORİ

İLK BAĞLAM

1940'larda Joseph Juran, üretim hattındaki sorunların çoğuna azınlıktaki bir hatanın neden olduğunu gözlemledi. 80/20 oranını (sorunların %80'i hataların %20'sinden kaynaklanır) hemen fark eden Juran, bu teoriyi 20. yüzyılın başlarında Vilfredo Pareto'ya atfetmiştir. Joseph Juran, kalite yönetimi üzerine yaptığı araştırmalar sırasında, nedenlerin iki gruba ayrılabileceğini gösterdi: hayati olanlar (bu durumda, hataların %20'si) ve ikincil olanlar, geri kalan %80'i temsil edenler. Joseph Juran en sorunlu hataları (sorunların %80'ine neden olanlar) izole ederek bunlara daha fazla odaklanabilir ve üretim hattındaki sorunları önemli ölçüde azaltabilirdi.

 ## BİLDİĞİM İYİ OLDU

Joseph Juran'ın ilkesinin orijinal adı 'hayati azlık ve önemsiz çokluk' idi. Ekonomistin önemli katkılarına rağmen kavram, muhtemelen Joseph Juran tarafından verilen isimden daha kulağa hoş geldiği için genellikle 'Pareto ilkesi' olarak hatırlanmaktadır.

İŞ DÜNYASINDAKİ UYGULAMALAR

Günümüzde Pareto ilkesinin iş dünyasında, kişisel yönetim ve verimlilik arayışı alanlarında birçok uygulaması bulunmaktadır. İş dünyasındaki uygulamalar ağırlıklı olarak müşteri yönetimi ve insan kaynakları için kullanılmaktadır. Örneğin, çalışanların %20'si işin %80'ini üretir. Ancak, ürünlerin %20'sinin kârın %80'ini oluşturduğunu bilerek iş stratejilerinde de kullanılır. Bu kitapta, bu ilkenin kurumsal sektöre uygulanmasını derinlemesine tartışacağız. Aşağıdaki noktalar, Pareto ilkesini anlamanıza yardımcı olmak için birçok farklı kullanımı açık ve öz bir şekilde sunmaktadır.

İlişki pazarlamasında bir araç olarak Pareto ilkesi

Daha önce de belirttiğimiz gibi, Pareto ilkesinin en önemli uygulamalarından biri bir şirketin müşteri yönetimidir. Birçok çalışma, müşterilerin %20'sinin satışların %80'inden sorumlu olduğunu göstermektedir. Bu müşteriler şirket için en önemli olanlardır. Bu nedenle, özellikle ilişki pazarlaması yoluyla maksimum elde tutma sağlamak için onları sadık müşteriler haline getirmek daha iyidir.

BİLDİĞİM İYİ OLDU

İlişkisel pazarlama, hediyeler veya indirimler vererek ya da davetler veya tavsiyeler yoluyla bir marka ile müşterileri arasında bir ilişki kurmanızı ve bu ilişkiyi sürdürmenizi sağlayan bir araçtır. Amaç müşterilerle uzun vadeli bir ilişki geliştirmektir, çünkü elde tutma maliyetleri yeni müşteri çekme maliyetlerine kıyasla daha düşüktür.

Pareto ilkesinin bir başka uygulaması da müşteri ilişkileri yönetimidir: Müşterilerin %20'si şikayetlerin %80'inin kaynağıdır. Yukarıdaki örnekte kullanılan müşterilerin %20'si bu %20 ile aynıysa, şirket zaten onları elde tutmaya odaklandığı için taleplerini karşılamakta zorluk çekmeyecektir. Ne yazık ki durum neredeyse hiç böyle değildir: önemli müşterilerin %20'si nadiren şikayetlerin %80'inden sorumlu olan %20 ile aynıdır. Bu durumda, şirketin her bir müşteri kategorisini net bir şekilde tanımlaması ve dikkatin çoğunu onlara vermesi daha zordur. Şirket daha sonra önceliğine karar vermeli ve gelir ile şikayet yönetimi (müşteri memnuniyeti yaratma) arasında seçim yapmalıdır.

Bir kalite kontrol aracı olarak Pareto prensibi

Joseph Juran tarafından kullanılan ikinci bir uygulama, bir üretim hattındaki kontrol ve kalite yönetimidir. Eğer hataların %20'si sorunların %80'ine neden oluyorsa, şirket kaliteyi artırmak için çabalarını söz konusu hataları ele almaya yoğunlaştırabilir. Diğer benzer uygulamalar da geçerlidir:

- Makine kurulum süresinin %20'si sorunların %80'ini çözebilir;

- Üretim hattının %20'si nihai ürünün %80'inden sorumludur.

Pareto prensibinin diğer kullanımları

- Kişisel yönetim aracı: İşin %20'si sonuçların %80'ini üretir.

- Risk yönetimi aracı: Risklerin %20'si sonuçların %80'ine neden olur.

- Lojistik yönetim aracı: Ürünlerin %20'si depolama maliyetlerinin %80'ini oluşturur.

- Stok yönetim aracı: Toplam ürün sayısının %20'si, toplam stok değerinin %80'ini temsil eder.

- Satış yönetimi aracı: Ürünlerin %20'si kârın %80'ini oluşturur, vb.

YA KURAL DÜZENLİ OLARAK KULLANILIYORSA?

Pareto ilkesi bugün iş dünyasında her zaman kullanılsa ne olurdu? Hayatta kalmak için 80/20 oranına mümkün olduğunca yaklaşmalı mıyız?

Daha önce incelenen örneği ele alalım: Bir şirket, müşteri tabanını inceledikten sonra, müşterilerinin yalnızca %10'unun cirosunun %90'ından sorumlu olduğunu tespit eder. Kilit müşteri sermayesi düşük olduğu için bu durum oldukça endişe vericidir. Eğer şirket bunlardan sadece birkaçını kaybedecek olursa, cirosu büyük ölçüde düşecektir. Bu durumda, 80/20 kuralından uzaklaşmak şirket için ölümcül olabilir. İki olası çözüm vardır:

- Şirket ya büyük müşterilerini elinde tutmak için onlarla ilgilenmeye karar verir, ancak bu basit çözüm sorunlarını çözmez, çünkü gelecekleri tamamen bu müşterilere bağlıdır;

- Ya da, ilk seçeneğin yanı sıra, şirket daha iyi bir denge bulmak için diğer müşterileri elinde tutmayı seçer.

Bu noktada, daha güvenli bir ortalama orana dönmek için müşterilerin nasıl elde tutulacağını düşünmek ilginçtir.

İkinci örnek, normdan uzaklaşmanın şirkete mutlaka zarar vermeyeceğini göstermektedir. Aynı şirketin müşteri araştırmasından sonra hiç ana müşterisi olmadığını ve en önemli alıcılarının %30'unun cirosunun %70'ini oluşturduğunu fark ettiğini düşünün. Her ne kadar 80/20 kuralına yakın olsa da (ancak hala Pareto dengesine ulaşmamış olsa da) şirketin başı bir önceki senaryoya göre daha az derttedir. Elbette, faaliyetler muhtemelen dağınıktır, ancak bazı müşterilerin kaybı durumu 90/10 oranında olduğu kadar etkilemeyecektir ve endişe nedeni değildir. Ancak, müşteri sayısının daha fazla olması müşteri başına maliyet açısından sorun yaratabilir: müşteri yönetimi ve iletişim maliyetleri aslında daha yüksektir. Bu durumda, 80/20 dengesinin yeniden sağlanması gelecekteki başarıya yol açacaktır.

Pareto ilkesini 80/20 oranına ulaşmak için uyarlamak kendi başına bir hedef değildir. Her şey şirketin faaliyetine ve sektörüne bağlıdır. Bir süpermarket şirketinin, sektör için normal olduğu üzere çok sayıda küçük müşterisi olması muhtemelken, bir uçak üreticisinin daha az müşterisi vardır, ancak bunlar kaçınılmaz olarak daha büyüktür. Bu nedenle sektör, Pareto prensibinde kullanılan oranı etkiler ve bu oran her zaman 80/20 olmamalıdır.

Müşterilerle farklı türde iş iletişimi vardır. Birincisi, 'ortalama tüketiciler' olarak kabul edilen tüm tüketiciler için kitlesel pazarlamadır. İkincisi ise her bir müşteriyi hedefleyen ve özelleştirilmiş ürünler sunan bire bir pazarlamadır. Bu müşteri yaklaşımı yöntemi kesinlikle daha ilgi çekicidir ancak aynı zamanda en pahalı olanıdır. Son olarak, pazarın büyük bir bölümünü hedefleyen farklılaştırılmış pazarlama veya sadece küçük bir niş pazara odaklanan yoğunlaştırılmış pazarlama gibi başka ara iletişim türleri de mevcuttur.

PARETO PRENSİBİNİN AVANTAJLARI

Pareto prensibini kullanmanın sayısız faydası vardır. Bunların çoğundan daha önceki bölümlerde bahsedilmişti. Her departman için Pareto oranını bilen bir şirket, özellikle aşağıdakileri yaparak etkinliğini artırabilir:

* Risklerini daha iyi yönetmek. Bir şirket en önemli riskleri ve düzeltilmesi kolay olanları bilerek ana işine konsantre olabilir.

* Müşterilerini daha iyi tanımak. Bir şirket iletişim stratejisini belirleyebilir ve en önemli tüketicileri hedefleyebilir. Nereli oldukları, sektörleri (profesyoneller söz konusu olduğunda) veya yaşları ve cinsiyetleri (bireyler söz konusu olduğunda) dahil olmak üzere en büyük müşterilerin %20'sinin özelliklerini bilmek önemlidir. Bunu yaparak, bu özelliklere uyan yeni potansiyel müşteriler yaratabilir. Hedef tüketiciler en

iyi müşterilere benzer; şirketin onları potansiyel müşteri aşamasından tüketici aşamasına getirme şansı daha yüksektir.

- Maliyetlerin sınırlandırılması. Bir üretim hattında, hangi noktaların en çok enerji kullandığını ancak en düşük çıktıya sahip olduğunu bilmek, şirketin en pahalı unsurları uyarlamasını, kaldırmasını veya değiştirmesini sağlayabilir.

- Zaman kaybının sınırlandırılması. Hangi faaliyetlerin en üretken olduğunu bilen bir yönetici, performanslarını artırmak için bu faaliyetlere odaklanabilir.

SINIRLAMALAR VE GENİŞLETMELER

SINIRLAMALAR VE ELEŞTİRİLER

Pareto ilkesi, evrensel karakterine rağmen, her sektör ve her departman için her zaman geçerli değildir. Müşterilerin %20'sinin satışların %80'ini oluşturmasının pek mümkün olmadığı bir alan olan süpermarketlerle ilgili bir sınır örneği görmüştük. Model, söz konusu işletmenin sektörüne ve departmanına uyarlanmalıdır. İki eleştirinin altını çizebiliriz: ilk olarak, 80/20 oranı gerçekte her zaman gözlemlenmez. İkincisi, %20'ye odaklanmak her zaman en iyi çözüm değildir.

Kesin olmayan bir model

İlkeye yönelik ilk eleştiri, bilimsel olarak doğru olmadığına işaret etmektedir. Bir şirketin her departmanı için 80/20 oranını elde etmek aslında imkansızdır. Ancak, modelin orijinal fikri ile çelişmemektedir. Joseph Juran'ın teorisinde etkiler iki gruba ayrılmalıdır. Birinci grup, sayıca az olan ancak önemli sonuçları olan etkileri içerir. İkinci grupta ise çok sayıda olan ancak sınırlı sonuçları olan etkiler yer alır. Bu gruplar tam olarak %20 ve %80'e karşılık gelmiyorsa, 10/90 veya 5/95 oranları kullanılabilir ve hatta bazı durumlarda normdur.

Verimsiz bir model

İkinci eleştiri, Pareto ilkesinin göreceli verimliliğiyle ilgilidir. Şirketin ürünlerinin %80'i çok sık satılmıyorsa, yine de önemli bir satış marjını temsil edebilirler (örneğin %20). Bu ürünler için depolama maliyetleri düşükse, şirket daha az müşteri çekse bile bunları satmaya devam edebilir. Bir sonraki noktada Pareto ilkesinin Uzun Kuyruk teorisi adı verilen bir başka önemli ilkeyle bağlantılı olduğunu göreceğiz.

İLGİLİ MODELLER VE UZANTILAR

ABC modeli

ABC modeli, Pareto ilkesi üzerinde yapılan bir iyileştirmedir. Yeni model, Pareto prensibi ile ara kategorilerin göz ardı edildiğini ve bunların önemini değerlendirmenin zor olduğunu savunmaktadır. Etkileri üç kategoride (A, B ve C) sınıflandırarak, bir şirket en üstteki %20'den daha az önemli olan etkileri ihmal etmez ve bunların sonuçları açısından önemini kabul eder. Üç sınıf şu şekilde ayrılabilir:

- A Sınıfı: Satışların %80'ini oluşturan müşterilerin %20'si;

- B Sınıfı: Satışların %15'ini oluşturan müşterilerin %30'u;

- C Sınıfı: Satışların %5'ini oluşturan müşterilerin %50'si.

B sınıfı risklidir, çünkü buraya zaman ve para yatırmak değerli olabilir veya olmayabilir. Bu faktörler Pareto tarafından ihmal edildiğinden, ABC modeli daha doğrudur ve ara kategorileri dikkate alır.

Uzun Kuyruk teorisi

Uzun Kuyruk teorisi Pareto prensibiyle ilişkilidir ve onu tamamlar. Bu model, bir şirketin gelirini, cironun önemli bir bölümünü temsil eden ve şu özelliklerle karakterize edilen belirli ürünler de dahil olmak üzere tüm ürünlerine dağıtır:

- belirli ürünlerin düşük satışları

- Çok sayıda özel ürün (genellikle toplam ürün sayısının %80'inden fazlası).

Örneğin bir kitapçı söz konusu olduğunda, belirli ürünler yılda sadece birkaç kopya satan basılı eserlerle ilgilidir. Maliyetler ve stok için gereken alan göz önüne alındığında, bir kitapçının yalnızca bu kitapları sunması imkansızdır. Dengeyi sağlamak için çok satanlar gibi iyi satan kitaplara odaklanmalıdır.

Pareto ilkesi ile bağlantı, burada yalnızca azınlıktaki bir ürünün satışların çoğunluğunu temsil etmesidir. Geleneksel bir işletme bu ürünlere odaklanmalıdır. Ancak, e-ticaret siteleri bir istisnadır.

 **BİLDİĞİM İYİ OLDU**

Online satış olarak da bilinen e-ticaret, ürünlerin mağazalarda sergilenmesi gerekmediği, sadece bir depoda stoklanmaları yeterli olduğu için ürün depolama maliyetlerini sınırlamaktadır. Bu nedenle e-tüccarlar daha geniş bir ürün yelpazesini satışa sunabilmektedir.

E-ticaret aynı zamanda şirketin daha düşük maliyetlerle kapsama alanını genişletmesine de olanak tanır.

Pareto prensibini takip ederken sadece en önemli %20'ye odaklanmamalıyız. E-ticarette Uzun Kuyruk teorisi, ek maliyetin minimum ve getirinin yüksek olması nedeniyle kalan %80'in değerlendirilmesini sağlar. Amazon, Uzun Kuyruk teorisine mükemmel bir örnektir. Bir e-ticaret sitesi olarak şirket, daha önce mağazalarda bulunması zor olan etkileyici sayıda yayın sunabilmektedir. Bu vaka internette mevcut olan verilerden yararlanıyor olsa da, Pareto ilkesinin sınırlarının bariz bir örneğidir. Gördüğünüz gibi, bazı şirketlerin en çok satış yapan %20'lik ürün grubundan daha fazlasına odaklanması faydalı olabilir.

PRATİK UYGULAMA

Bu bölümde, şimdiye kadar öğrendiklerimizi uygulaya-cağız. En önemli %20'yi görsel olarak tanımlamak için yararlı olan bir Pareto grafiği oluşturarak başlayacağız. Örnek, bir satıcı ve müşterileri hakkındadır ve anlaşıl-masını kolaylaştırmak için kasıtlı olarak basitleştiril-miştir. Daha kapsamlı bir vaka çalışması bu bölümün sonunda bulunabilir.

BİR TABLOYU BİÇİMLENDİRME

İlk adım bir tablo hazırlamaktır. En önemli %20'yi bul-mak istediğimizden, ilgilenilen unsurları hemen ayırt etmek için verileri azalan sırada sıralamanız tavsiye edilir.

İlk sütuna, gözlemlenecek faktörlerin bir listesini yazın (örneğin, müşterilerin bir listesi). İkinci sütunda, buna karşılık gelen değişkenler olmalıdır (örneğin, bireysel müşteriler tarafından harcanan para miktarı).

Daha sonra her bir nesnenin (bu durumda her bir müş-terinin) yüzdesini ve kümülatif yüzdesini hesaplama-mız gerekir. Bu yüzde, Pareto'nun grafiğinde kümülatif yüzdelerden oluşan bir çizgi çizecektir. Tüm verilerin toplanmasıyla %80 eşiği ortaya çıkacaktır.

 **BİLDİĞİM İYİ OLDU**

Perakende sektöründe çok sayıda kişi olduğu için bu müşterileri tespit etmek her zaman kolay değildir. Şirketler yine de güvenilir müşterilerden oluşan bir veri tabanı elde etmenin yollarını geliştirebilirler; sadakat kartı kullanmak bunun en iyi örneğidir.

GRAFİĞİN OLUŞTURULMASI

Şimdi grafiği çizmeliyiz (örneğin Excel kullanarak). Grafik genellikle tablonun son sütununu temsil eden bir değer eğrisinin çizgi grafiği ile eşleştirilir. Bu yaklaşım isteğe bağlıdır: sonuçları sadece bir tablodan tartışmak mümkündür.

 **BİLDIĞIM İYİ OLDU**

Bu grafiği Excel kullanarak oluşturmak için, istenen iki veri türünü göstermek üzere iki dikey ekseni (solda bir büyük eksen ve sağda bir küçük eksen) olan bir grafik kullanmanızı öneririz. Bu tür bir grafik mevcut değilse, şunları yapmanız gerekecektir:

Grafiğin solundaki ana eksene yerleştirmek için histogramı ham satış verileriyle (ikinci sütun) çizin.

Ardından, kümülatif yüzdeleri grafiğinize yeni bir seri olarak dahil ederek yüzdeleri çizin. Grafik türünü yalnızca bu veriler için değiştirin (örneğin, 'işaretli çizgi' grafiğini seçin) ve bunları ikincil eksene (sağda) yerleştirin.

Düzeni biçimlendirin ve eksenlere ve grafiğe başlıklar ekleyin. Son olarak, renkleri değiştirin ve eksenlerinize veri etiketleri ekleyin, örneğin grafiğinizde kümülatif yüzdelerin görüntülenmesi gibi.

EN ÖNEMLİ %20'NİN BELİRLENMESİ

Üçüncü adımda, en önemli %20'yi belirlemek için grafiği (ve/veya tabloyu) yorumlayacağız. Müşteriler söz konusu olduğunda, belirli bir müşteriden elde edilen toplam satışları kolayca belirleyebiliriz. Sonuç mutlaka 80/20 kuralına uymak zorunda değildir, ancak incelenen alanların her birini etkileyen faktörleri bilmek önemlidir.

İlk gözlemler

- Müşterilerin yaklaşık %20'si (A, B, C ve D) cironun %76'sını oluşturmaktadır (Pareto'nun 80/20'sine yakın bir oran).

- Satıcının dikkatinin büyük bir kısmı bu önemli müşterileri elde tutmaya ayrılmalıdır.

- ABC yöntemi, bu durumda cironun neredeyse %20'sini oluşturan ara faktörleri ihmal etmemektedir.

HAREKETE GEÇMEK

Eylem planları

Son adım, kurumsal stratejilerden elde edilen verimi artırmak için sonuçlara dayalı olarak harekete geçmeyi içerir. Çeşitli tedbirler uygulanabilir:

- Bir fabrikadaki sorunları düzeltmek;

- Yüksek verimli çalışanların ödüllendirilmesi;

- Potansiyel müşterilerin belirlenmesi;

- müşterileri elde tutmak vb.

Müşteriyi elde tutma reklam, özelleştirilmiş promosyonlar veya diğer elde tutma stratejileri yoluyla yapılabilir. Örneğin, bir şirket müşterilerini bir ticaret fuarına davet edebilir.

Bu örneği tamamlamak için, dört müşteri belirleyen ve bir elde tutma stratejisi uygulayan kapıdan kapıya satış elemanımızın cirosunu artırmak için yeni potansiyel müşteriler aramaya karar verdiğini düşünebiliriz. Bu yeni hedefe ulaşmak için 'RFM segmentasyonu' adı verilen özel bir araç kullanabilir.

 ## RFM SEGMENTASYONU: TEKRARLILIK, SIKLIK VE PARASAL DEĞER

RFM segmentasyonu, alıcıların geçmiş davranışlarına dayanan bir tür tanımlayıcı segmentasyondur ve gelecekteki beklentileri anlamak için kullanılır. Müşteri profillerini üç kritere göre sınıflandırır:

Satın alma tarihi. Ne kadar yeni olursa, sıralamaları o kadar yüksek olur.

Satın alma sıklığı. Bir müşteri ne kadar sık satın alırsa, sıralaması o kadar yüksek olur.

Tavsiyeler

* Harekete geçmek istemiyorsanız Pareto ilkesini kullanmanın bir anlamı yoktur.

* Bazı sektörlerin 80/20 oranına sahip olması gerekmediğinden, yöntem doğru değildir.

* Pareto ilkesi tüm sektörlerde kullanılamaz.

* Bu yöntem ara değerleri dikkate almaz.

* E-ticarette Uzun Kuyruk teorisinde gördüğümüz gibi, en az sıklıktaki değerler bazı durumlarda faydalı olabilir.

ÖRNEK OLAY İNCELEMESİ – BİR ÜRETİM HATTI

Probleme giriş

Hayali vaka çalışmamız bir endüstri ve onun üretim hattı ile ilgilidir. Bu şirkette, üretim hattı yıl boyunca tekrarlayan kesintiler yaşamaktadır. Bu kesintilerin toplamı 1033 saat, yani bir aydan biraz fazla bir süre çalışılmaması anlamına geliyor. Çalışma saati kaybını telafi etmek için, dinamiğin mantıklı olmadığını fark eden yönetici, hattın durmasının yaklaşık on yaygın nedenini tanımlar. Daha sonra ortalama duruş süresini (saat cinsinden) tahmin eder ve her bir neden için bir oluşum sayısı sağlar. Pareto ilkesini kullanarak üretim hattını aksatan ana faktörleri belirlemeyi umar.

Tablo ve grafiğin biçimlendirilmesi

- İlk sütun fabrikada tespit edilen sorunları göstermektedir. Parantez içindeki veriler, her bir sorunun neden olduğu hareketsizlik saatlerinin sayısıdır.

- İkinci sütunda, olayların sayısı listelenmiştir. Toplam 230 adet bulunmaktadır.

- Üçüncü sütun, azalan sırayla, meydana gelme sayısı ile her bir duraklamanın neden olduğu saat sayısının çarpımının sonuçlarını göstermektedir. Bu, her bir sorunun neden olduğu toplam çalışılmayan saat sayısını verir. Bu veriler Pareto grafiğindeki çubukları çizmek için kullanılacaktır.

- Dördüncü sütun toplam kayıp çalışma saatlerinin yüzdesini, son sütun ise kümülatif yüzdeleri göstermektedir.

Önemli faktörlerin belirlenmesi

Pareto prensibi bu durumda özellikle işe yaramaktadır çünkü azınlıktaki faktörler sorunların çoğuna neden olmaktadır. Özellikle, faktörlerin neredeyse %30'u üretim hattındaki gecikmelerin %72'sine neden olmaktadır. 80/20'ye yakın iki oran daha olduğuna dikkat edin:

- En büyük iki neden (%20) göz önünde bulundurulduğunda, gecikmelerin yüzdesi %63'tür;

- En büyük dört sorun (%40) göz önünde bulundurulduğunda, gecikme yüzdesi %80'dir.

Peki, **en iyi oran hangisidir?** Bu soruya cevap vermek zordur. Ancak, gecikmelerin %72'sine neden olan faktörlerin %30'luk orta oranının Pareto ilkesine en yakın oran olduğu açıktır.

Ne yazık ki bu tüm sorunları çözmüyor:

- İlk olarak, ayarlamamız gereken birçok sorunlu faktör kalmaktadır, ancak ilk orana (iki ana sorun) odaklanmayı seçmek, maksimum sayıda sonuca neden olan az sayıda nedene odaklanmamızı sağlayacaktır ki bu da tam olarak Pareto ilkesinin amacıdır;

- İkinci olarak, fabrika müdürü mümkün olduğunca çok sorunu çözmek istiyorsa, üretim hattındaki gecikmelerin %80'ine neden olan nedenlerin %40'ını düzelterek üçüncü orana odaklanmak için her türlü nedeni vardır.

SONUÇ

Örneğimizde, önemli ve tekrar eden gecikmelerden etkilenen bir üretim hattı gözlemledik. Bu örnek, hayali olmasına rağmen, bir şirketin tüm alanlarına (üretim, makineler, çalışanlar, müşteriler, vb.) kolayca uyarlanabilir. Bir şirket en önemli sorunları belirleyerek çabalarını en aza indirecek ve sonuçları en üst düzeye çıkaracak çözümler bulabilir.

Pareto ilkesi ve ABC modelinin yardımıyla şirketler farklı düşünebilir ve temel işlerini kontrol altında tutarken en önemli sorunlara odaklanabilir. 'Zamanın para olduğunu' varsaydığımıza göre, her girişimcinin ve bir şirkette çalışan her kişinin rekabetçi kalabilmek için mevcut süreçleri optimize edebileceğini kolayca hayal edebiliriz. Aynı durum Pareto prensibinin geçerli olduğu bazı bireyler için de geçerlidir.

ÖZET

- Pareto ilkesi, nedenlerin %20'sinin etkilerin %80'ine yol açtığını gösteren evrensel bir araçtır. Bu nedenleri belirleyerek, bir kuruluş en önemli etkileri kolayca kontrol edebilir.

- Bu ilkenin pek çok uygulaması vardır. Bunlar sadece verimliliği veya müşteri ilişkilerini hedefleyen şirketleri değil, aynı zamanda ev idaresi gibi günlük yaşamın birçok alanını da ilgilendirmektedir.

- Pareto ilkesinin somut bir uygulaması, bir şirketin müşteri yönetimidir. Geleneksel bir işletmede, müşterilerin %20'si genellikle satışların %80'ini oluşturur. Şirket bu müşterileri belirleyerek karlılığını artırmak için onlara odaklanabilir.

- ABC modeli Pareto prensibi ile ilişkilidir. Aynı zamanda etki yaratan ara kategorileri de hesaba katarak bunu geliştirir. Bu ara kategoriler daha az önemlidir, ancak yine de dikkate alınmaya değerdir.

- Uzun Kuyruk teorisi de Pareto prensibini tamamlayıcı bir kavramdır ve özellikle online satışlarla ilgilidir. 80/20 oranı kontrol edilir ve özellikle internet ile maliyetlerini düşürebilen bir şirket, sadece en önemli %20'ye değil, daha az satan ürünler de dahil olmak üzere tüm ürünlerine odaklanabilir.

- Son olarak, Pareto yasası tablo ve grafiklerle kolayca uygulamaya konulabilir. Bunlar sorunun kapsamlı bir görünümünü sağlar ve etkileri tanımlar. Şirket, kuruluş ya da sadece söz konusu hane halkı daha sonra verimliliği ve karlılığı artırmak için harekete geçmeye odaklanabilir.

DAHA FAZLA OKUMA

KAYNAKÇA

Anderson, C. (2006) *The Long Tail: Why the Future of Business Is Selling Less of More.* New York: Hyperion.

BetterExplained. (2007) *Pareto İlkesini Anlamak (80/20 Kuralı).* [Çevrimiçi]. [Erişim tarihi: 22 Mayıs 2014]. Erişim adresi: < http://betterexplained.com/articles/understanding-the-pareto-principle-the-8020-rule/>

Cotter, J. J. (1995) *The 20% Solution.* Hoboken: John Wiley & Sons.

Coyne, S. (2012) The Pareto Principle Meets the Long Tail. *Steven Pressfield Online.* [Çevrimiçi]. [Erişim tarihi: 22 Mayıs 2014]. Erişim adresi: < http://www.stevenpressfield.com/2012/11/the-pareto-principle-meets-the-long-tail/>

Dufour, L. (Tarih yok) Efficacité du dirigeant : qu'est-ce que la loi de Pareto? *Le Blog du Dirigeant.* [Çevrimiçi]. [Erişim tarihi: 22 Mayıs 2014]. Erişim adresi: < http://leblogdudirigeant.com/efficacite-du-dirigeant-quest-ce-que-la-loi-de-pareto/>

Juran, J. M. (1951) *Kalite Kontrol El Kitabı.* New-York: McGraw-Hill.

Koch, R. (1998) *The 80/20 Principle.* Londra: Nicholas Brealey Yayıncılık.

Le Site des Profs de Vente et de Commerce. (Tarih yok) *Les techniques et stratégies de prospection.* [Çevrimiçi]. [Erişim tarihi: 22 Mayıs 2014]. Erişim adresi: < http://www.lescoursdevente.fr/bacvente/Prospection/Des%20outils%

20de%20segmentation%20des%20clients-prospe-
cts,%20Pareto,%20ABC,%20RFM.pdf>

Montanaro, L. (2012) Pareto İlkesinin Gücü (diğer adıyla 80/20 Kuralı). *Lisa Montanaro*. [Çevrimiçi]. [Erişim tarihi: 22 Mayıs 2014]. Erişim adresi: < http://www.lisamonta-naro.com/2012/03/16/the-power-of-the-pareto-princip-le-aka-the-8020-rule/>

Reh, J. F. (2016) Pareto İlkesi – 80-20 Kuralı. *denge*. [Çevrimiçi]. [Erişim tarihi: 22 Mayıs 2014]. Erişim adresi: < https://www.thebalance.com/pareto-s-principle-the-80-20-rule-2275148>

Villemin, G. (Tarih yok) Loi de Pareto', Nombres – Curiosités, théories et usages içinde. [Çevrimiçi]. [Erişim tarihi: 22 Mayıs 2014]. Erişim adresi: <http://villemin.gerard.free.fr/aSocial/Pareto.htm>

EK KAYNAKLAR

Hale, A. (Tarih yok) Pareto İlkesi ile İlgili Sorun. *Kişisel Gelişim Eğitimi*. [Çevrimiçi]. [Erişim tarihi: 22 Mayıs 2014]. Erişim adresi: < http://sidsavara.com/personal-produc-tivity/the-problem-with-the-pareto-principle>

Marshall, P. (2013) *80/20 Satış ve Pazarlama*. Irvine: Entrepreneur Press.

Ana ISBN: 9782808600613
Kağıt ISBN: 9782808602068
Yasal depozito: D/2022/12603/207

Dijital tasarım: Primento,
yayıncıların dijital ortağı.